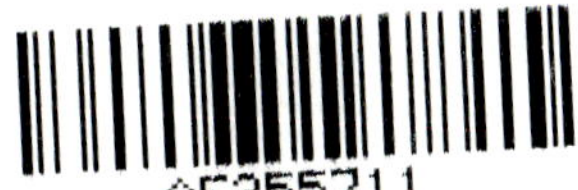
AF255711